AF189430

Impressum
Verlag: BABADADA GmbH, Nedderfeld 112 , 22529 Hamburg
Geschäftsführer / Verlagsleitung: Harald Hof
Druck: Books on Demand GmbH, In de Tarpen 42, 22848 Norderstedt

Imprint
Publisher: BABADADA GmbH, Nedderfeld 112 , 22529 Hamburg, Germany
Managing Director / Publishing direction: Harald Hof
Print: Books on Demand GmbH, In de Tarpen 42, 22848 Norderstedt

escola
škola

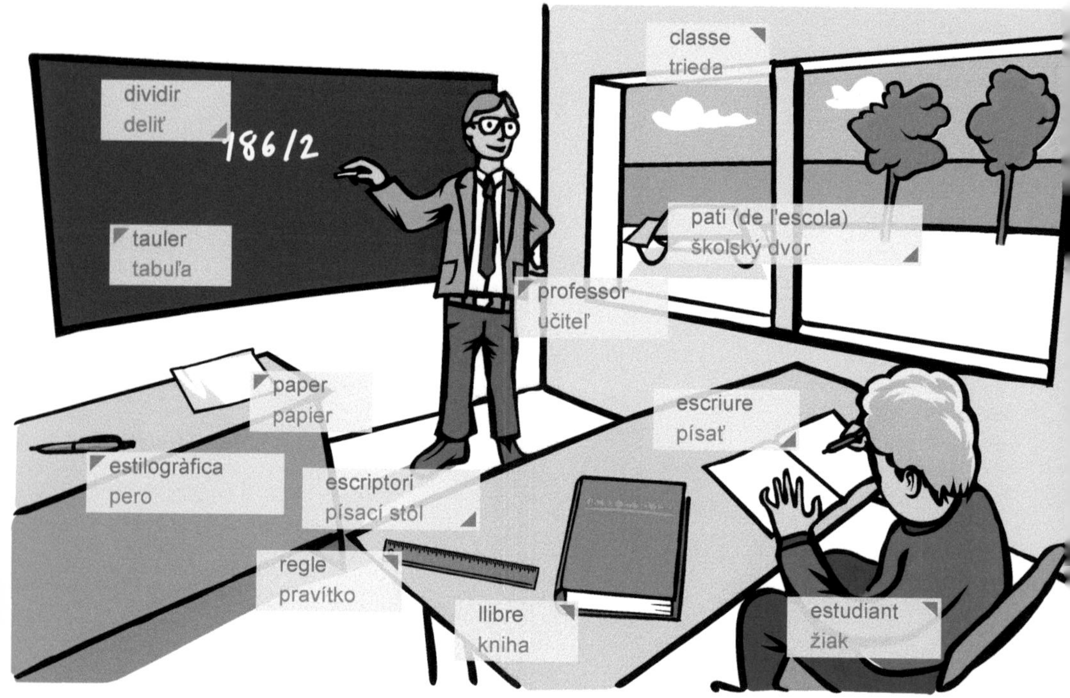

classe
trieda
dividir
deliť
186/2
tauler
tabuľa
pati (de l'escola)
školský dvor
professor
učiteľ
paper
papier
escriure
písať
estilogràfica
pero
escriptori
písací stôl
regle
pravítko
llibre
kniha
estudiant
žiak

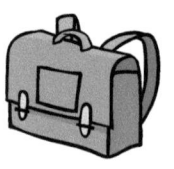

bossa

školská taška

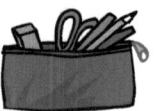

estoig

peračník

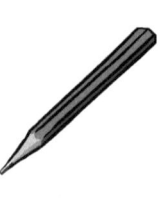

llapis

ceruza

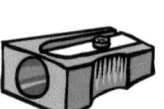

maquineta de fer punta

strúhadlo na ceruzky

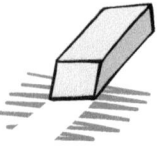

goma

guma

bloc de dibuix

skicár

dibuix
....
kresba

pinzell
....
štetec

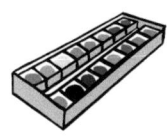

capsa de pintures

vodové farby

tisores
....
nožnice

cola
....
lepidlo

quadern d'exercicis
....
cvičný zošit

deures
....
domáca úloha

nombre
....
číslo

afegir
....
sčítať

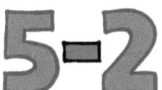

sostreure
....
odčítať

multiplicar
....
násobiť

calcular
....
počítať

lletra
....
písmeno

alfabet
....
abeceda

hello

mot
....
slovo

text
text

llegir
čítať

guix
krieda

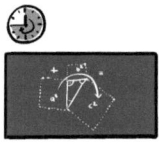

lliçó
hodina

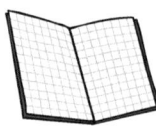

llibre de classe
triedna kniha

examen
skúška

certificat
certifikát

uniforme escolar
školská uniforma

formació
vzdelanie

enciclopèdia
encyklopédia

universitat
univerzita

microscopi
mikroskop

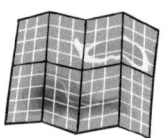

mapa
mapa

paperera
kôš na papier

viatge
cesta

hotel
hotel
Grand
alberg
nocľaháreň
ROOMS
EXCHANGE
oficina de canvi
zmenáreň
maleta
kufor
automòbil
auto

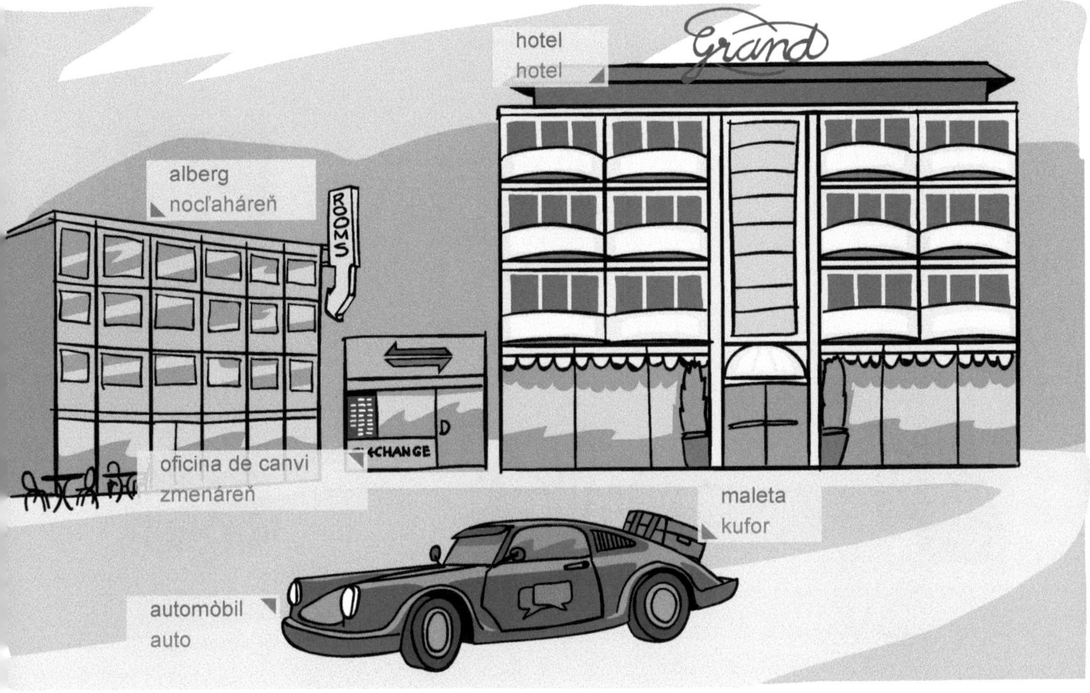

llengua

jazyk

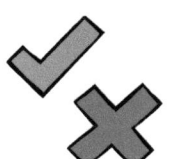

sí / no

áno/nie

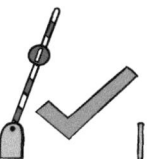

D'acord

v poriadku

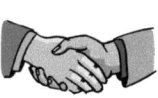

Ey!

ahoj

traductora

prekladateľ

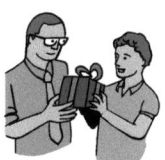

gràcies

ďakujem

Quant costa... ?

Koľko stojí ... ?

No entenc

Nerozumiem

problema

problém

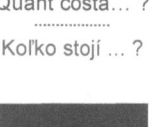

Bona nit!

Dobrý večer!

bon dia!

Dobré ráno!

bona nit!

Dobrú noc!

fins aviat

Dovidenia

direcció

smer

bagatge

batožina

bossa

taška

sarrona

batoh

convidat

hosť

cambra

izba

sac de dormir

spacák

tenda

stan

oficina de turisme

informácie pre turistov

platja

pláž

carta de crèdit

kreditná karta

esmorzar

raňajky

dinar

obed

sopar

večera

bitllet

cestovný lístok

ascensor

výťah

segell

poštová známka

frontera

hranica

duana

clo

ambaixada

veľvyslanectvo

visat

vízum

passaport

cestovný pas

transport
doprava

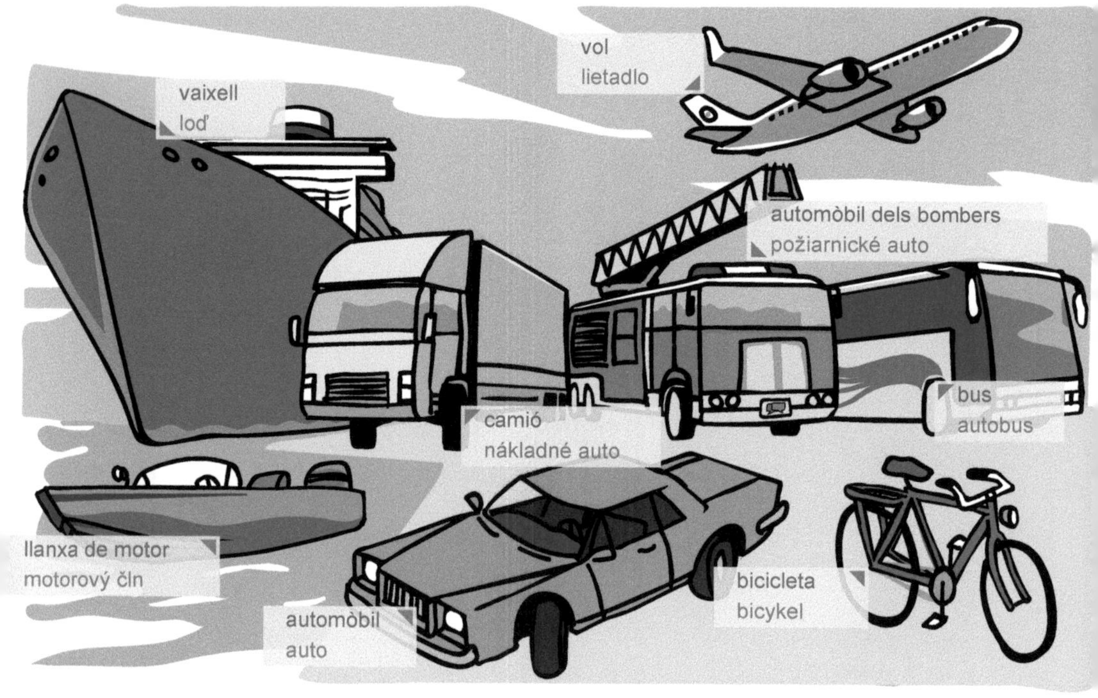

vol
lietadlo
vaixell
loď
automòbil dels bombers
požiarnické auto
bus
autobus
camió
nákladné auto
llanxa de motor
motorový čln
bicicleta
bicykel
automòbil
auto

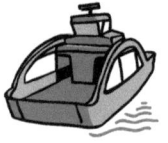

transbordador

trajekt

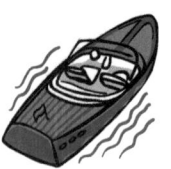

barca

loď

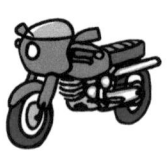

moto

motorka

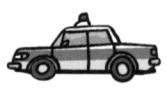

automòbil de policia

policajné auto

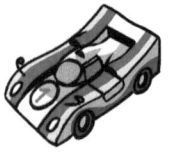

automòbil de curses

pretekárske auto

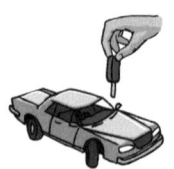

automòbil de lloguer

vozidlo z požičovne

vehicle compartit

carsharing

grua

odťahové auto

camió de les escombraries

smetiarske auto

motor

motor

benzina

benzín

benzineria

čerpacia stanica

senyal de trànsit

dopravná značka

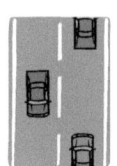

trànsit

premávka

embús

zápcha

aparcament

parkovisko

estació de trens

vlaková stanica

vies

trate

tren

vlak

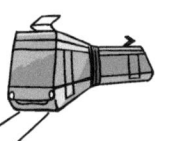

tramvia

električka

vagó

vagón

transport - doprava

helicòpter

helikoptéra

aeroport

letisko

torre

veža

passatger

pasažier

contenidor

kontajner

capsa de cartó

kartón

carretó

vozík

cistella

kôš

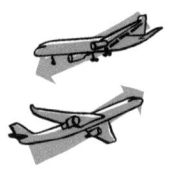

enlairar-se / aterrar

štartovať / pristáť

ciutat

mesto

poble

dedina

centre de la ciutat

centrum mesta

casa

dom

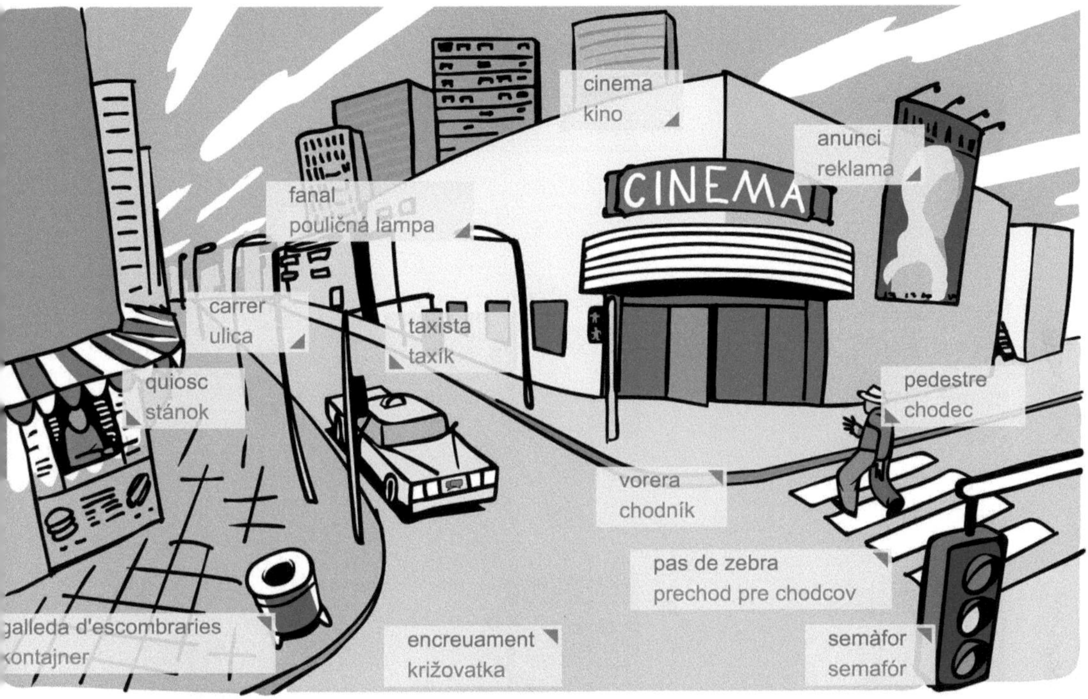

cinema
kino

anunci
reklama

fanal
pouličná lampa

CINEMA

carrer
ulica

taxista
taxík

pedestre
chodec

quiosc
stánok

vorera
chodník

pas de zebra
prechod pre chodcov

galleda d'escombraries
kontajner

encreuament
križovatka

semàfor
semafór

cabana

chata

apartament

byt

estació de trens

vlaková stanica

casa de la vila-ciutat

radnica

museu

múzeum

escola

škola

ciutat - mesto

11

universitat

univerzita

banca

banka

hospital

nemocnica

hotel

hotel

farmàcia

lekáreň

oficina

kancelária

llibreria

kníhkupectvo

botiga

obchod

floristeria

kvetinárstvo

supermercat

supermarket

mercat

trh

gran magatzem

obchodný dom

peixateria

obchodník s rybami

centre comercial

nákupné stredisko

port

prístav

parc

park

banc

lavička

pont

most

escala

schody

metro

metro

túnel

tunel

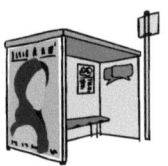

parada d'autobús

autobusová zastávka

bar

bar

restaurant

reštaurácia

bústia de correu

poštová schránka

senyal indicador

tabuľa s názvom ulice

parquímetre

parkovacie hodiny

zoo

ZOO

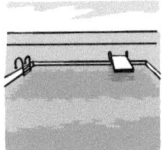

piscina

plaváreň

mesquita

mešita

ciutat - mesto

granja
farma

pol·lució
znečisťovanie životného
prostredia

cementiri
cintorín

església
kostol

parc infantil
ihrisko

temple
chrám

paisatge
terén

fulla
list

cartell indicador
smerová tabuľa

camí
cesta

prat
lúka

pedra
kameň

arbre
strom

excursionista
turista

riu
rieka

gespa
tráva

flor
kvet

vall
dolina

muntanya
kopec

llac
jazero

bosc
les

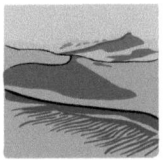

desert
púšť

volcà
vulkán

castell
zámok

arc de Sant Martí
dúha

bolet
hríb

palmera
palma

moscard
komár

mosca
mucha

formiga
mravec

abella
včela

aranya
pavúk

escarabat

chrobák

granota

žaba

esquirol

veverička

eriçó

jež

llebre

zajac

òliba

sova

ocell

vták

cigne

labuť

senglar

diviak

cervo

jeleň

ant

los

presa

hrádza

turbina

veterná turbína

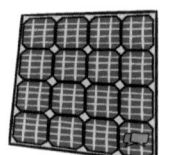

panell solar

solárny panel

clima

podnebie

cambrer
čašník

menú
jedálny lístok

cadira
stolička

sopa
polievka

pizza
pizza

coberts
príbor

tovalla
obrus

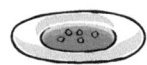

primer plat
predjedlo

plat principal
hlavné jedlo

darreries
zákusok

begudes
nápoje

menjar
jedlo

ampolla
fľaša

menjar ràpid

fast-food

menjar de carrer

street food

tetera

kanvica na čaj

sucrer

cukornička

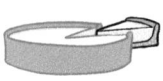

porció

porcia

màquina d'espresso

stroj na espresso

trona

detská stolička

factura

účet

plata

podnos

ganivet

nôž

forqueta

vidlička

cullera

lyžica

cullereta

čajová lyžička

tovalló

obrúsok

got

pohár

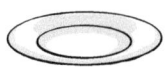

plat

tanier

plat de sopa

hlboký tanier

plateret

podšálka

salsa

omáčka

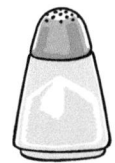

saler

soľnička

molinet de pebre

mlynček na korenie

vinagre

ocot

oli

olej

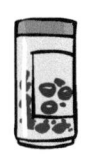

espècies

korenie

quètxup

kečup

mostassa

horčica

maionesa

majonéza

supermercat
supermarket

oferta especial
špeciálna ponuka
FOR
client
klient
productes lactis
mliečne výrobky
fruites
ovocie
carret de la compra
nákupný vozík

BUTCHERS

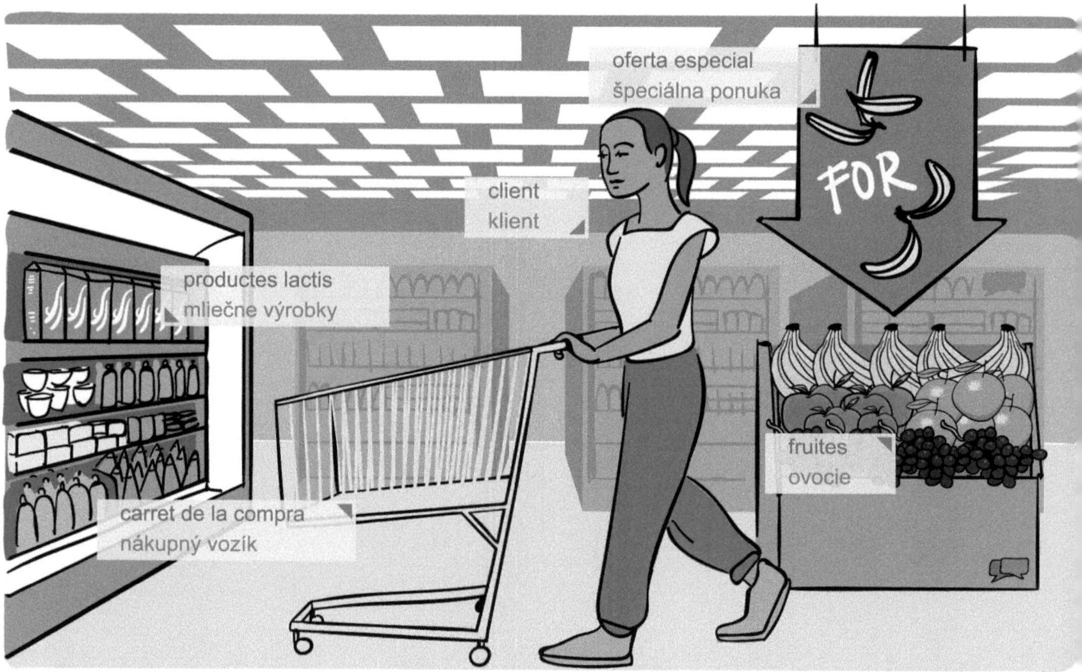

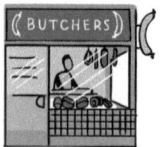

carnisseria

mäsiarstvo

BAKERY

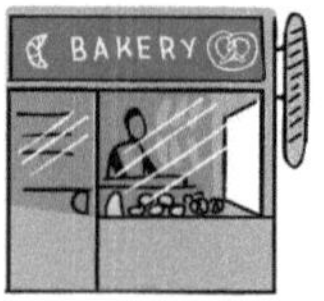

forn de pa

pekáreň

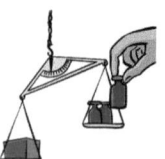

pesar

vážiť

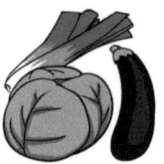

verdures

zelenina

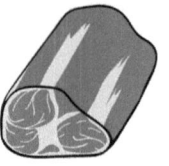

carn

mäso

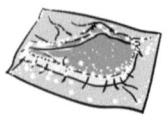

menjar congelat

mrazené potraviny

carn freda

nárez

conserves

konzervy

detergent en pols

prací prostriedok

dolços

sladkosti

articles domèstics

domáce potreby

productes de neteja

čistiace prostriedky

venedora

predavačka

caixa registradora

pokladňa

caixera

pokladník

llista de la compra

nákupný zoznam

horari d'obertura

otváracie hodiny

portamonedes

peňaženka

carta de crèdit

kreditná karta

bossa

taška

bossa de plàstic

plastové vrecko

aigua

voda

suc

džús

llet

mlieko

coca-cola

kola

vi

víno

cervesa

pivo

alcohol

alkohol

cacau

kakao

te

čaj

cafè

káva

espresso

espresso

cappuccino

kapučíno

banana

banán

poma

jablko

taronja

pomaranč

síndria

melón

llimona

citrón

pastanaga

mrkva

all

cesnak

bambú

bambus

ceba

cibuľa

bolet

hríb

avellanes

orechy

fideus

rezance

espaguetis

špagety

arròs

ryža

amanida

šalát

patates fregides

hranolky

patates fregides

pečené zemiaky

pizza

pizza

hamburguesa

hamburger

entrepà

obložený chlebík

escalopa

rezeň

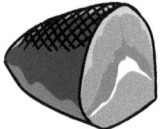

cuixot

šunka

salami

saláma

salsitxa

klobása

pollastre

kurča

rostit

pečené mäso

peix

ryba

flocs de civada
ovsené vločky

musli
müsli

cereals
kukuričné lupienky

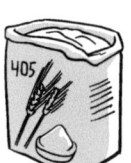

farina
múka

croissant
croissant

panet
pečivo

pa
chlieb

torrada
hrianka

bescuits
sušienky

mantega
maslo

mató
tvaroh

pastís
koláč

ou
vajce

ou fregit
volské oko

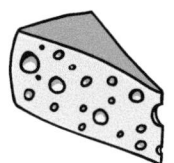

formatge
syr

gelat

zmrzlina

sucre

cukor

mel

med

melmelada

lekvár

crema de xocolata

nugátová nátierka

curri

karí korenie

menjar - jedlo

granja
farma

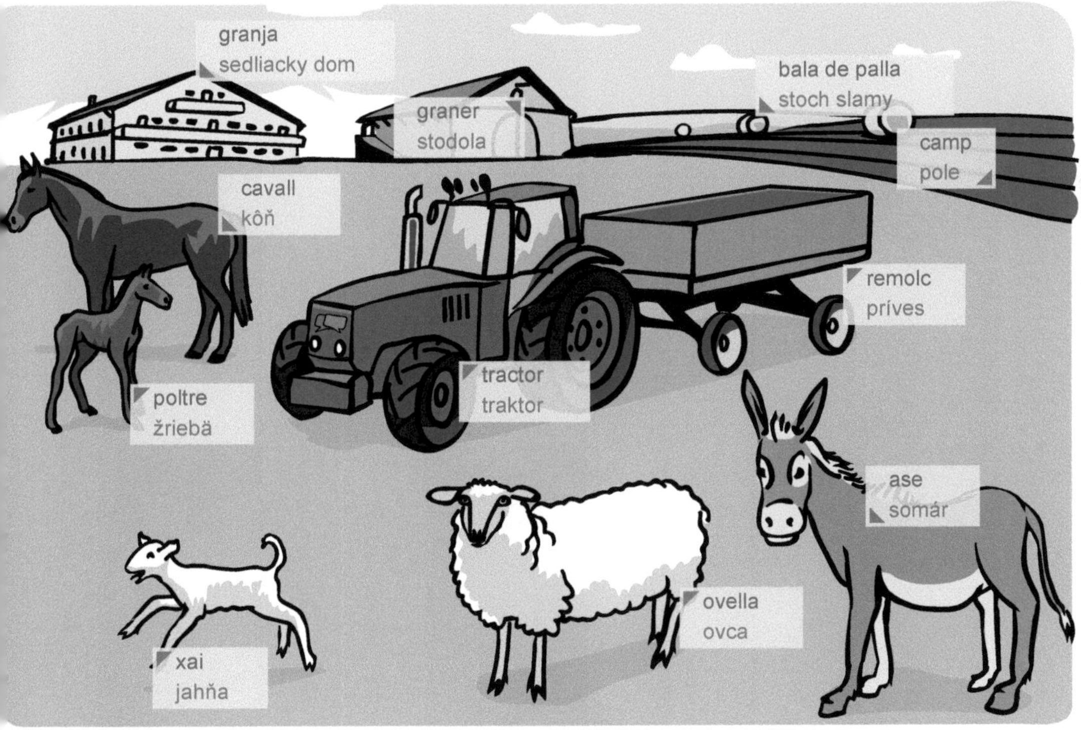
granja
sedliacky dom
graner
stodola
bala de palla
stoch slamy
camp
pole
cavall
kôň
remolc
príves
tractor
traktor
poltre
žriebä
ase
somár
ovella
ovca
xai
jahňa

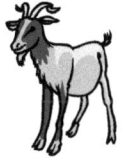

cabra
koza

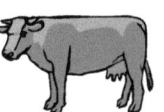

vaca
krava

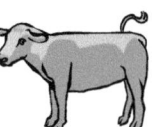

vedella
teľa

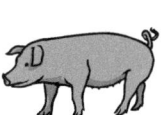

porc
prasa

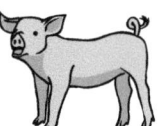

garrí
prasiatko

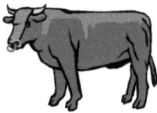

bou
býk

oca
hus

ànec
kačica

poll
kuriatko

gall
sliepka

gallina
kohút

rata
potkan

gat
mačka

ratolí
myš

bou
vôl

gos
pes

gossera
psia búda

mànega de regar
záhradná hadica

regadora
krhla

dalla
kosa

arada
pluh

falç
kosák

aixada
motyka

forca
vidly na hnoj

destral
sekera

carretó
fúrik

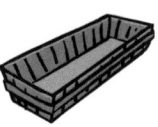

abeurador
koryto

lletera
kanva na mlieko

sac
vrece

tanca
plot

establa
maštaľ

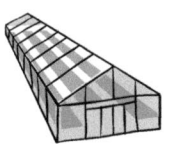

hivernacle
skleník

sòl
pôda

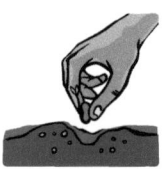

llavor
osivo

adob
hnojivo

collidora
kombajn

collir
....
žať

collita
....
žatva

nyam
....
batát

blat
....
pšenica

soja
....
sója

patata
....
zemiak

blat de moro o d'indi
....
kukurica

colza
....
repka

arbre fruiter
....
ovocný strom

mandioca
....
maniok

cereals
....
obilie

casa
dom

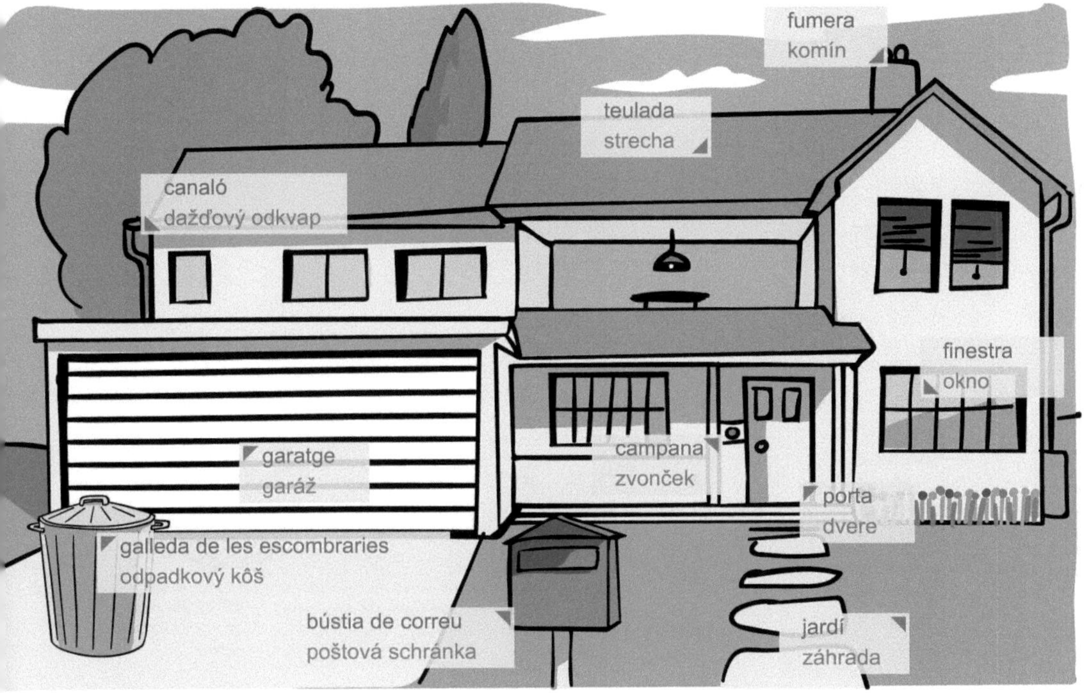

fumera
komín
teulada
strecha
canaló
dažďový odkvap
finestra
okno
garatge
garáž
campana
zvonček
porta
dvere
galleda de les escombraries
odpadkový kôš
bústia de correu
poštová schránka
jardí
záhrada

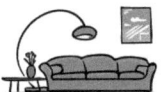

sala d'estar

obývačka

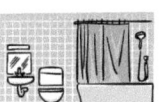

bany

kúpeľňa

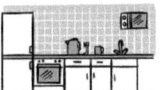

cuina

kuchyňa

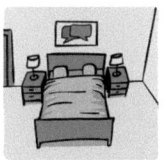

cambra de dormir

spálňa

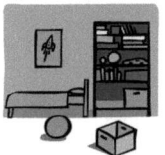

cambra de nen

detská izba

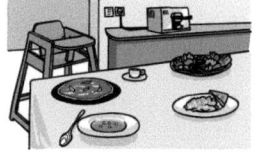

menjador

jedáleň

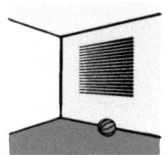

sòl
podlaha

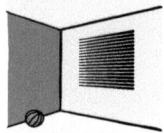

paret
stena

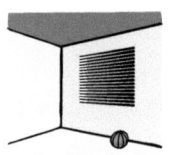

sostre
strop

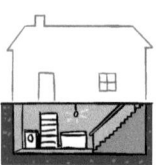

soterrani
pivnica

sauna
sauna

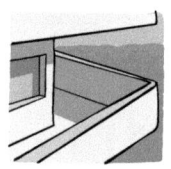

balcó
balkón

terrassa
terasa

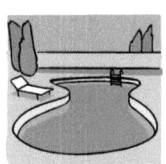

piscina
bazén

tallagespa
kosačka

vànova
obliečka

cobrellit
posteľná prikrývka

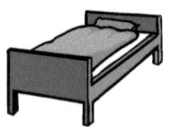

llit
posteľ

escombra
metla

galleda
vedro

interruptor
vypínač

sala d'estar
obývačka

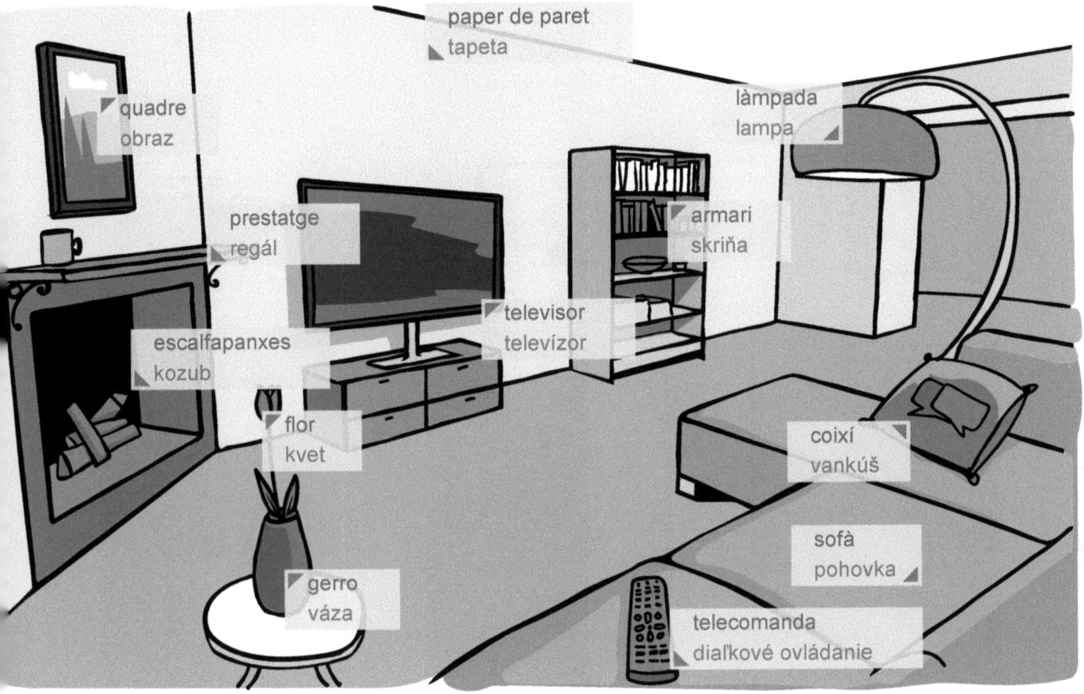

paper de paret
tapeta
quadre
obraz
làmpada
lampa
prestatge
regál
armari
skriňa
televisor
televízor
escalfapanxes
kozub
flor
kvet
coixí
vankúš
sofà
pohovka
gerro
váza
telecomanda
diaľkové ovládanie

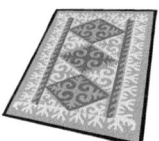

catifa

koberec

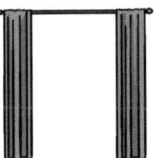

cortina

záclona

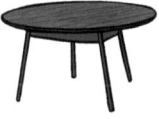

taula

stôl

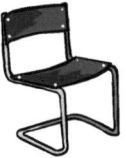

cadira

stolička

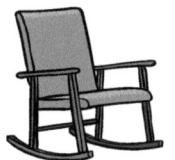

cadira gronxadora

hojdacie kreslo

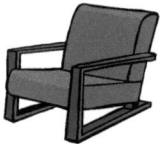

cadiral

kreslo

llibre

kniha

llençol

prikrývka

decoració

dekorácia

llenya

drevo na kúrenie

film

film

cadena de música

hi-fi veža

clau

kľúč

diari

noviny

pintura

maľba

cartell

plagát

ràdio

rádio

bloc de notes

zápisník

aspiradora

vysávač

cactus

kaktus

candela

sviečka

cuina
kuchyňa

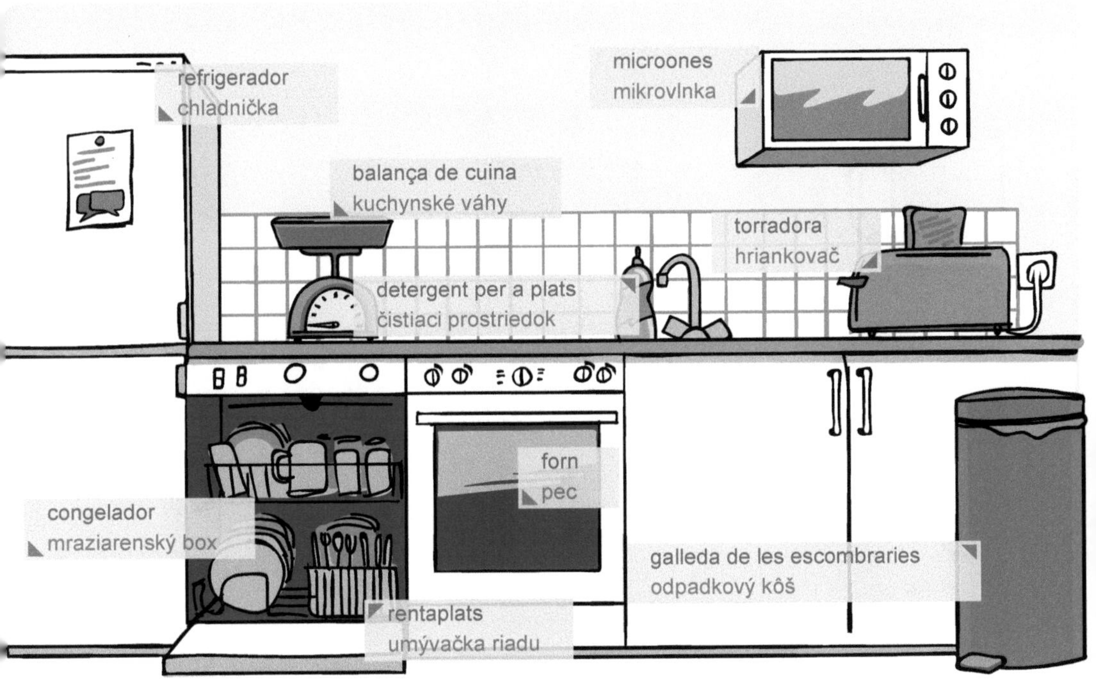

refrigerador
chladnička
microones
mikrovlnka
balança de cuina
kuchynské váhy
torradora
hriankovač
detergent per a plats
čistiaci prostriedok
forn
pec
congelador
mraziarenský box
galleda de les escombraries
odpadkový kôš
rentaplats
umývačka riadu

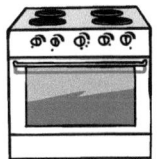

cuina de fogons

sporák

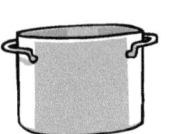

olla

hrniec

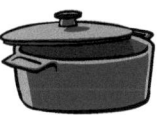

olla de ferro colat

železný hrniec

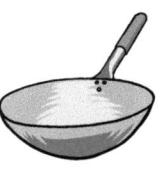

wok / karahi

wok / kadai

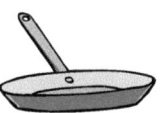

paella

panvica

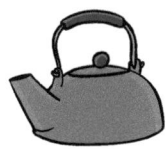

bullidor

rýchlovarná kanvica

olla de vapor

parný hrniec

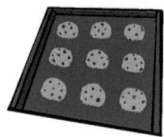

plata de forn

plech na pečenie

vaixella

riad

tassa grossa

pohár

bol

misa

bastonets xinesos

paličky

culler

naberačka na polievku

espàtula

stierka

batedor

metlička

colador

cedidlo

sedàs

sitko

ratllador

strúhadlo

morter

mažiar

barbacoa

gril

foc a terra

ohnisko

cuina - kuchyňa

taula de tallar

doska na krájanie

corró

valček na cesto

llevataps

vývrtka

pot de conserva

konzerva

obridor

otvárač na konzervy

agafador

chňapka

aigüera

výlevka

raspall

kefa

esponja

hubka

batedora

mixér

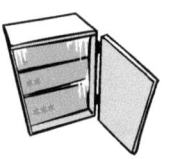

congelador

mraznička

biberó

kojenecká fľaša

aixeta

vodovodný kohútik

bany
kúpeľňa

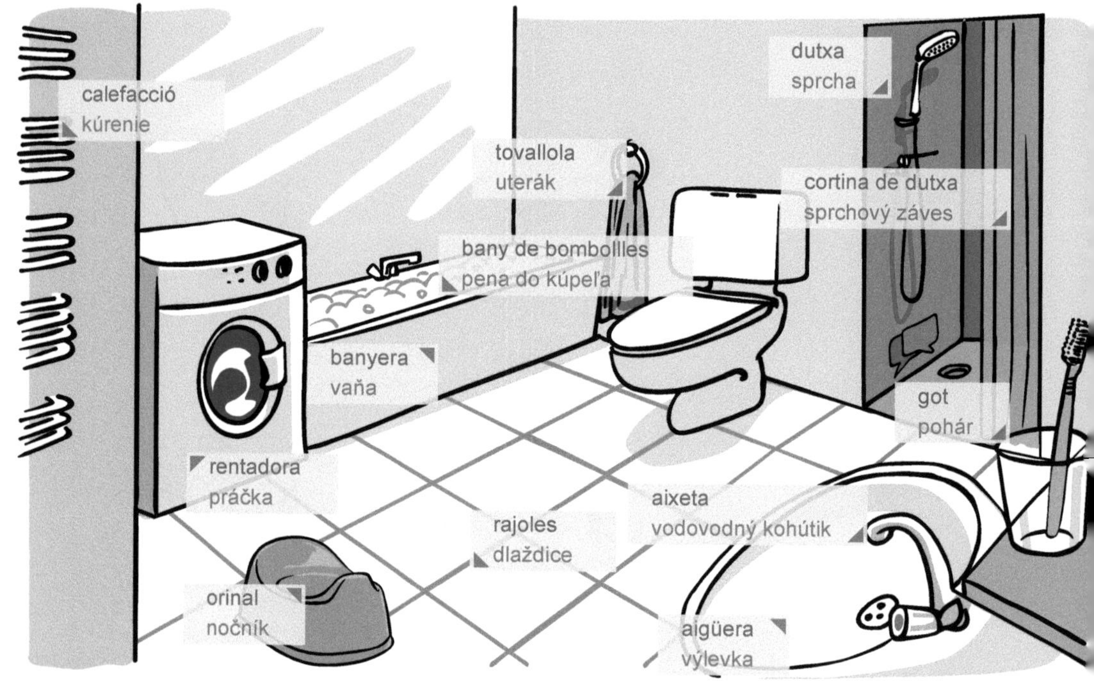
calefacció
kúrenie
tovallola
uterák
dutxa
sprcha
cortina de dutxa
sprchový záves
bany de bombolles
pena do kúpeľa
banyera
vaňa
got
pohár
rentadora
práčka
aixeta
vodovodný kohútik
rajoles
dlaždice
orinal
nočník
aigüera
výlevka

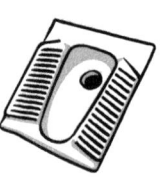

lavabo

záchod

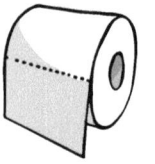

lavabo turc

suchý záchod

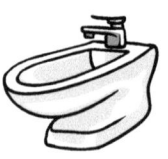

bidet

bidet

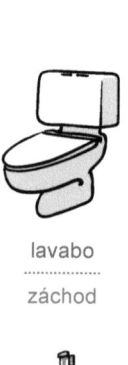

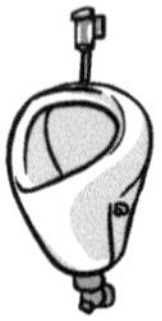

orinador

pisoár

paper higiènic

toaletný papier

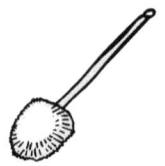

escombreta de sanitari

záchodová kefa

raspall de dents

zubná kefka

pasta de dents

zubná pasta

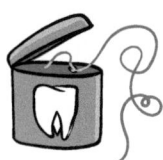

fil dental

dentálna niť

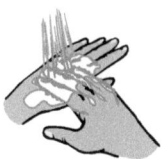

rentar

umývať

pom de dutxa

ručná sprcha

dutxa íntima

sprcha pre intímnu hygienu

rentamans

umývadlo

raspall per a l'esquena

kefa na chrbát

sabó

mydlo

gel de dutxa

sprchový gél

xampú

šampón

manyopla de bany

frotírová rukavica

bonera

odtok

crema

krém

desodorant

dezodorant

mirall

zrkadlo

mirall-espill de mà

kozmetické zrkadlo

maquineta de rasar

žiletka

espuma de barbejar

pena na holenie

loció post-rasada

voda po holení

pinta

hrebeň

raspall

kefa

eixugador

sušič vlasov

laca

sprej na vlasy

maquillatge

make-up

pintallavis

rúž

esmalt d'ungles

lak na nechty

cotó

vata

tallaungles

nožnice na nechty

perfum

parfum

estoig de bellesa

kozmetická taška

tamboret

stolček

bàscula

váha

barnús

kúpací plášť

guants de goma

gumové rukavice

compresa higiènica

tampón

compresa

menštruačná vložka

sanitari químic

chemické WC

cambra de nen
detská izba

despertador
budík
animal de peluix
plyšová hračka
auto de joguina
hračkárske auto
sonall
hrkálka
casa de nines
domček pre bábiky
present
dar

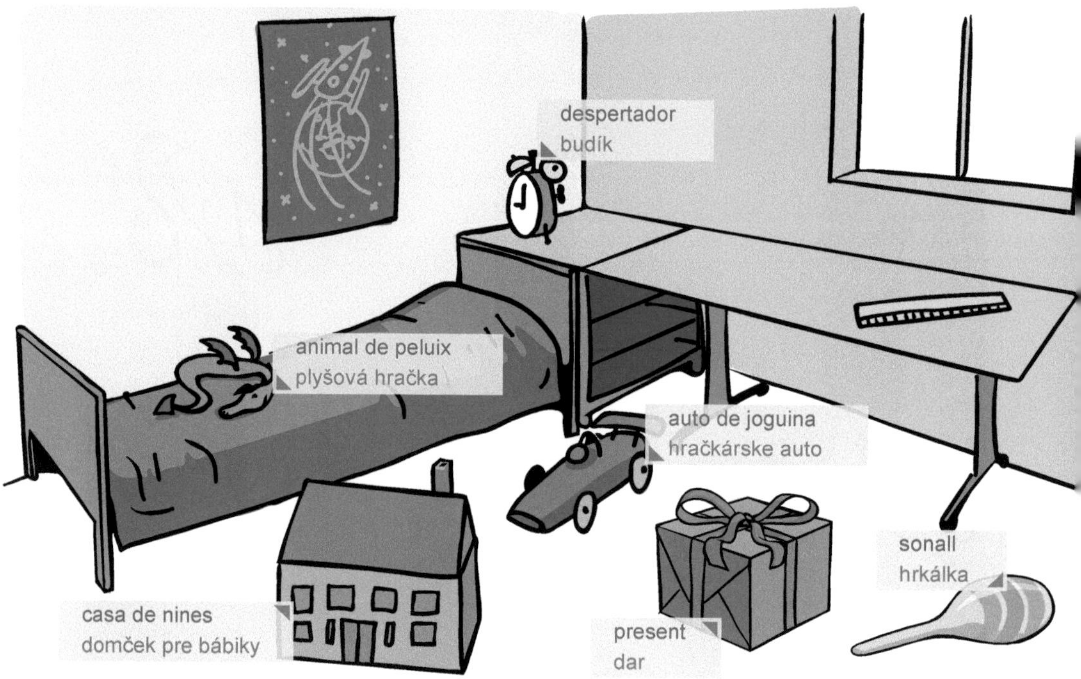

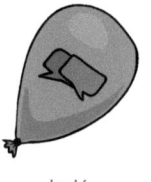

baló
balón

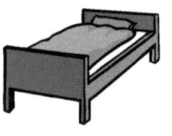

llit
posteľ

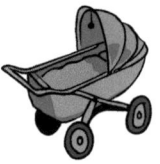

cotxet per a nens
detský kočík

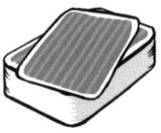

joc de cartes
karty

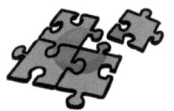

trencaclosca
puzzle

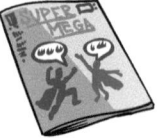

historieta
komix

peces de lego

skladačka lego

peces de construcció

stavebnica

ninot d'acció

akčná postavička

granota

dupačky

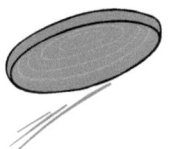

frisbee

lietajúci tanier

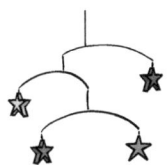

mòbil per a bressol

závesné hračky

joc de taula

stolová hra

daus

kocka

tren elèctric

modelový vláčik

xumet

cumlík

festa

párty

llibre de dibuixos

obrázková kniha

pilota

lopta

nina

bábika

jugar

hrať sa

sorrera

pieskovisko

gronxador

hojdačka

joguines

hračky

consola de jocs de vídeo

hracia konzola

tricicle

trojkolka

osset de peluix

medvedík

armari

šatník

roba

šatstvo

mitjons

ponožky

mitges

pančuchy

mitja pantaló

pančuchové nohavičky

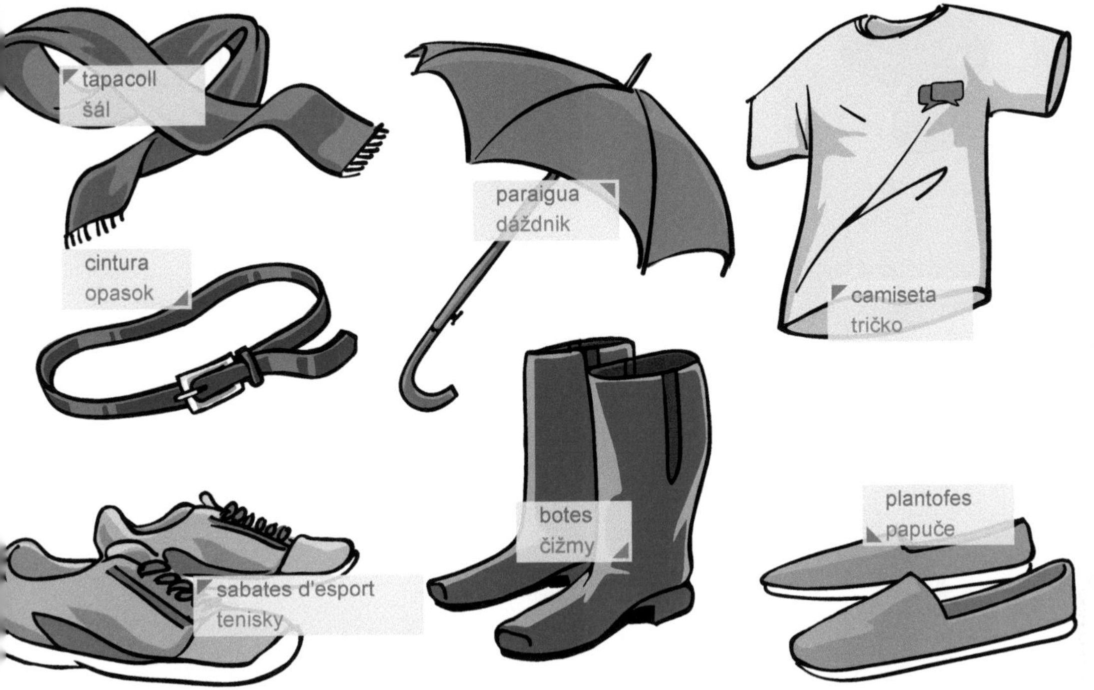

tapacoll
šál

cintura
opasok

paraigua
dáždnik

camiseta
tričko

botes
čižmy

sabates d'esport
tenisky

plantofes
papuče

sandàlies

sandále

sabates

topánky

botes de goma

gumáky

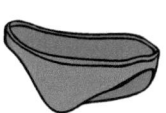

calçonets

spodky

sostenidor

podprsenka

guardapits

tielko

jjustacòs

body

pantalons

nohavice

jeans

džínsy

faldeta

sukňa

brusa

blúzka

camisa

košeľa

jersei

pulóver

dessuadora

sveter

blazer

blejzer

jaqueta

bunda

mantell

kabát

impermeable

pršiplášť

vestit de dona

kostým

vestit de dona

šaty

vestit de núvia

svadobné šaty

vestit d'home

oblek

camisa de dormir

nočná košeľa

pijama

pyžamo

sari

sari

mocador de cap

šatka na hlavu

turbant

turban

burca

burka

caftan

kaftan

abaia

abaja

vestit de bany

dvojdielne plavky

calçon(et)s de bany

plavky

pantalons curts

šortky

xandall

tepláková súprava

davantal

zástera

guants

rukavice

botó

gombík

ulleres

okuliare

braçalet

náramok

collaret

retiazka

anell

prsteň

orellera

náušnica

casquet

čiapka

penjador

vešiak

capell

klobúk

corbata

kravata

cremallera

zips

casc

prilba

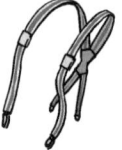

elàstics

traky

uniforme escolar

školská uniforma

uniforme

uniforma

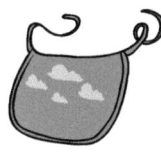

pitet

podbradník

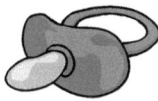

xumet

cumlík

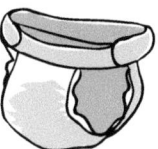

bolquer

plienka

oficina
kanceláriа

servidor
server
armari arxivador
skriňa na spisy
paper
papier
impressora
tlačiareň
monitor
monitor
ratolí
myš
escriptori
písací stôl
arxivador
zakladač
teclat
klávesnica
paperera
kôš na papier
cadira
stolička
ordinador
počítač

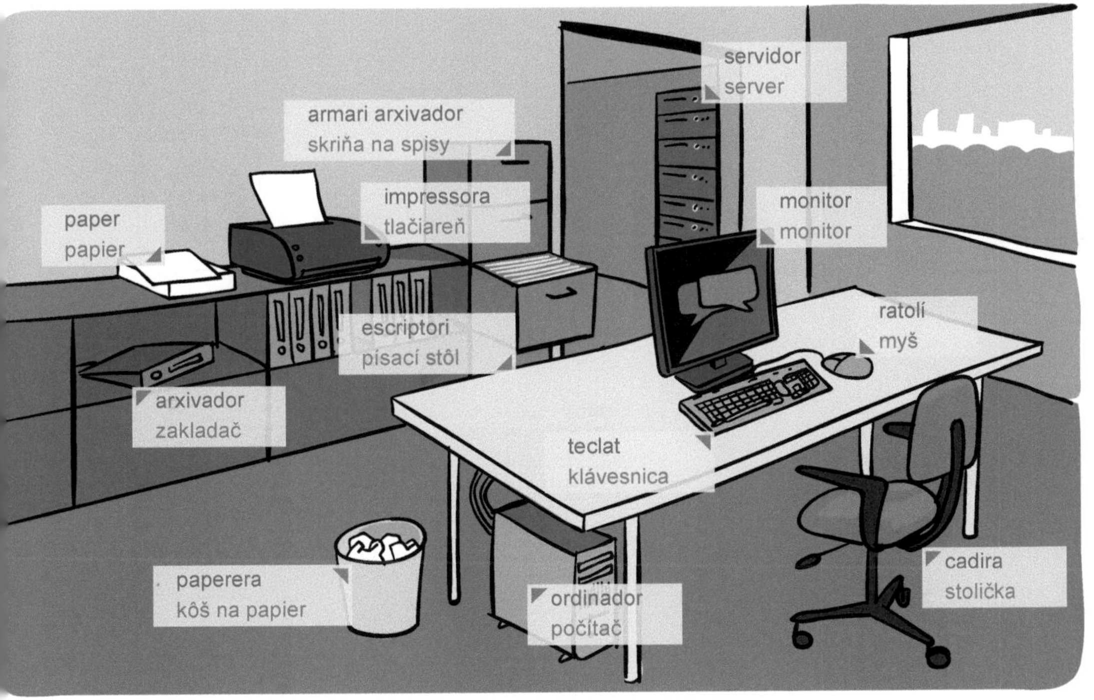

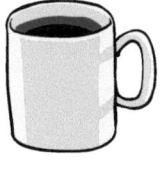

tassa de cafè

hrnček na kávu

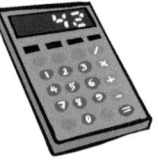

calculadora

kalkulačka

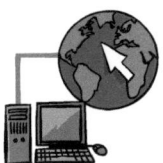

Internet

internet

ordinador portàtil

laptop

lletra

list

missatge

správa

mòbil

mobil

xarxa

sieť

fotocopiadora

kopírka

programari

softvér

telèfon

telefón

presa de corrent

elektrická zásuvka

fax

fax

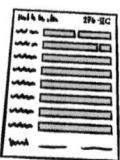

formulari

formulár

document

doklad

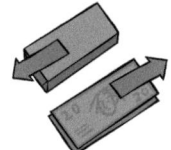

comprar
....
kúpiť

pagar
....
platiť

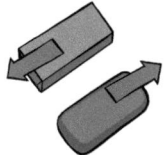

comerciar
....
obchodovať

diners
....
peniaze

dòlar
....
dolár

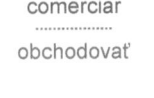

euro
....
euro

ien
....
jen

ruble
....
rubeľ

franc suís
....
švajčiarsky frank

renminbi
....
čínsky jüan

rupia
....
rupia

caixa automàtica
....
bankomat

oficina de canvi

zmenáreň

or

zlato

argent

striebro

petroli

ropa

energia

energia

preu

cena

contracte

zmluva

impost

daň

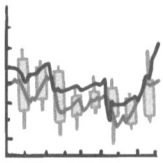

acció

akcia

treballar

pracovať

treballador

zamestnanec

empresari

zamestnávateľ

fàbrica

továreň

botiga

obchod

economia - hospodárstvo

oficis
povolania

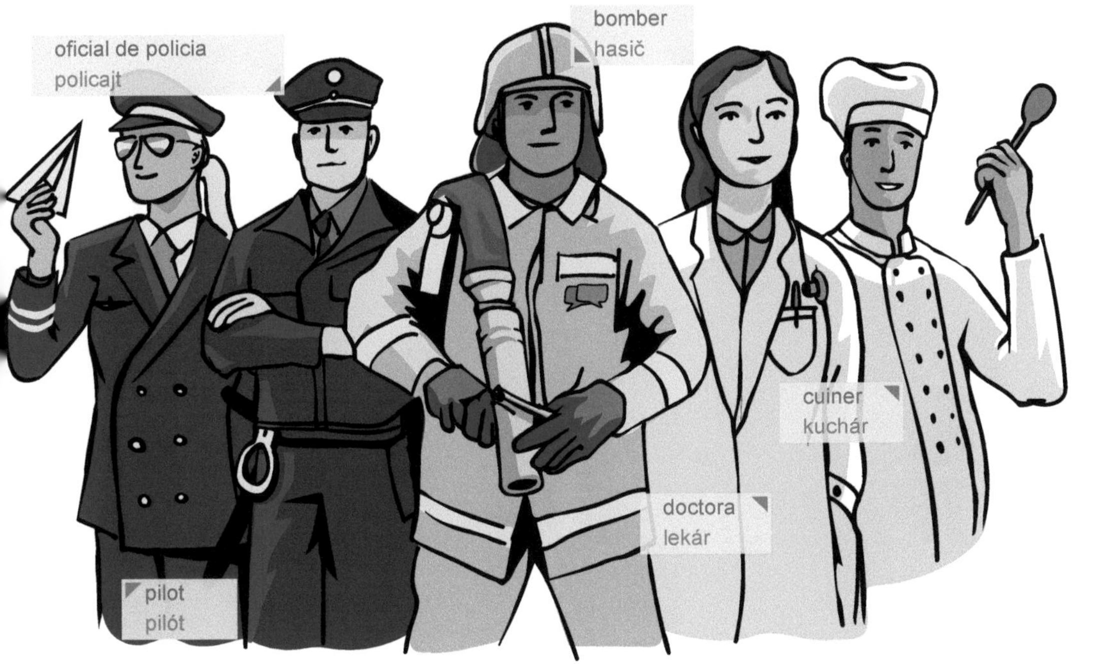
oficial de policia
policajt
bomber
hasič
cuiner
kuchár
doctora
lekár
pilot
pilót

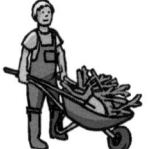

jardiner

záhradník

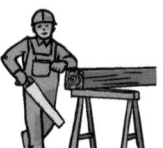

fuster

stolár

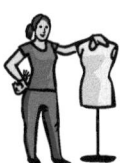

costurera

krajčírka

jutge

sudca

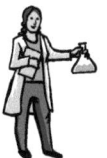

química

chemik

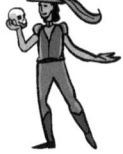

actor

herec

conductor d'autobús

vodič autobusu

taxista

taxikár

pescador

rybár

dona de la neteja

upratovačka

ensostrador

pokrývač

cambrer

čašník

caçador

poľovník

pintor

maliar

forner

pekár

electricista

elektrikár

obrer de la construcció

stavebný robotník

enginyer

inžinier

carnisser

mäsiar

llanterner

klampiar

correu

poštár

soldat
vojak

arquitecte
architekt

caixera
pokladník

florista
kvetinár

perruquer
kaderník

revisor
sprievodca

mecànic
mechanik

capità
kapitán

dentista
zubár

científic
vedec

rabí
rabín

imam
imám

monjo
mních

capellà
farár

eines
náradie

martell
kladivo
tenalles
kliešte
descaragolador
skrutkovač
llanterna
baterka
clau anglesa
kľúč na skrutky

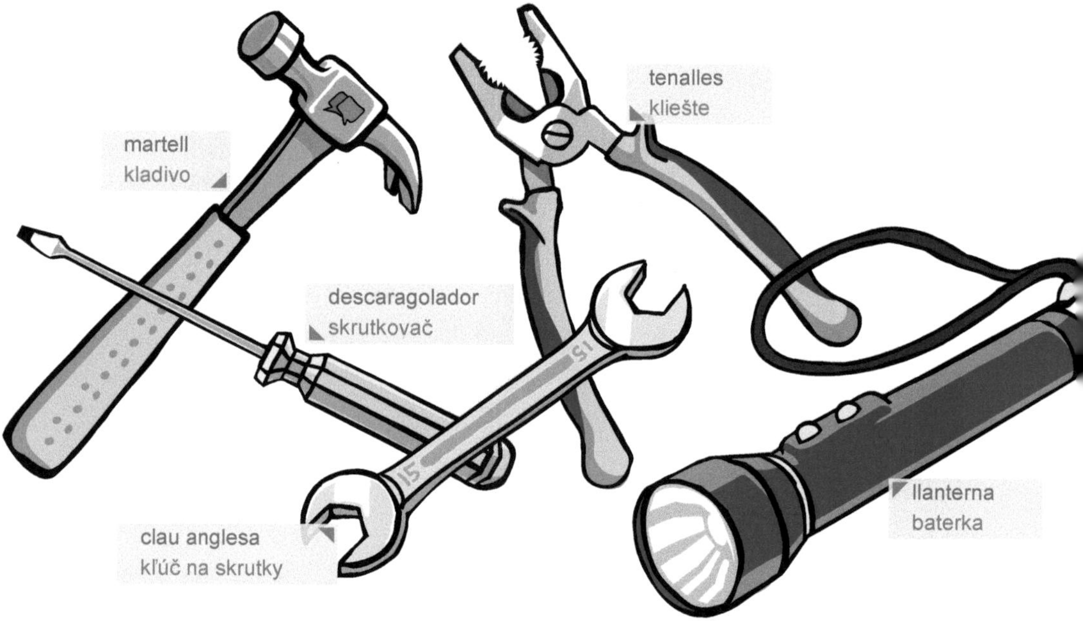

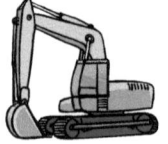

excavadora

bager

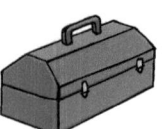

caixa d'eines

súprava náradia

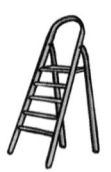

escala

rebrík

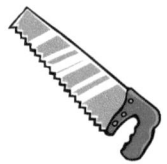

serra

pílka

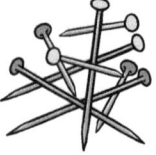

claus

klince

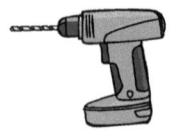

trepant

vrták

reparar

opraviť

pala

lopata

Maleït siga!

Do čerta!

pala

lopatka na smeti

pot de pintura

nádoba s farbou

caragols

skrutky

instrument de música
hudobné nástroje

altaveu
reproduktor

bateria
bicie

contrabaix
kontrabas

trompeta
trúbka

guitarra
gitara

piano

klavír

violí

husle

baix

basa

timbal

tympany

tambor

bubon

teclat

klávesnica

saxofon

saxofón

flauta

flauta

micròfon

mikrofón

entrada
vstup

tigre
tiger

gàbia
klietka

zebra
zebra

aliment per a animals
krmivo pre zver

ós panda
panda

animals

zvieratá

elefant

slon

cangurú

klokan

rinoceront

nosorožec

goril·la

gorila

ós

medveď

camell

ťava

estruç

pštros

lleó

lev

simi

opica

flamenc

plameniak

papagai

papagáj

ós polar

ľadový medveď

pingüí

tučniak

ca mari

žralok

paó

páv

serp

had

cocodril

krokodíl

guardià del zoo

ošetrovateľ v ZOO

foca

tuleň

jaguar

jaguár

poni
 poník

lleopard
leopard

hipopòtam
hroch

girafa
žirafa

àliga
orol

senglar
diviak

peix
ryba

tortuga
korytnačka

morsa
mrož

guineu
líška

gasela
gazela

futbol americà
americký futbal

ciclisme
cyklistika

tenis
tenis

bàsquet
basketbal

natació
plávanie

hoquei sobre gel
hokej

boxa
box

futbol americà
....
futbal

bàdminton
....
bedminton

atletisme
....
ľahká atletika

handbol
....
hádzaná

esquí
....
lyžovanie

polo
....
pólo

activitats
aktivity

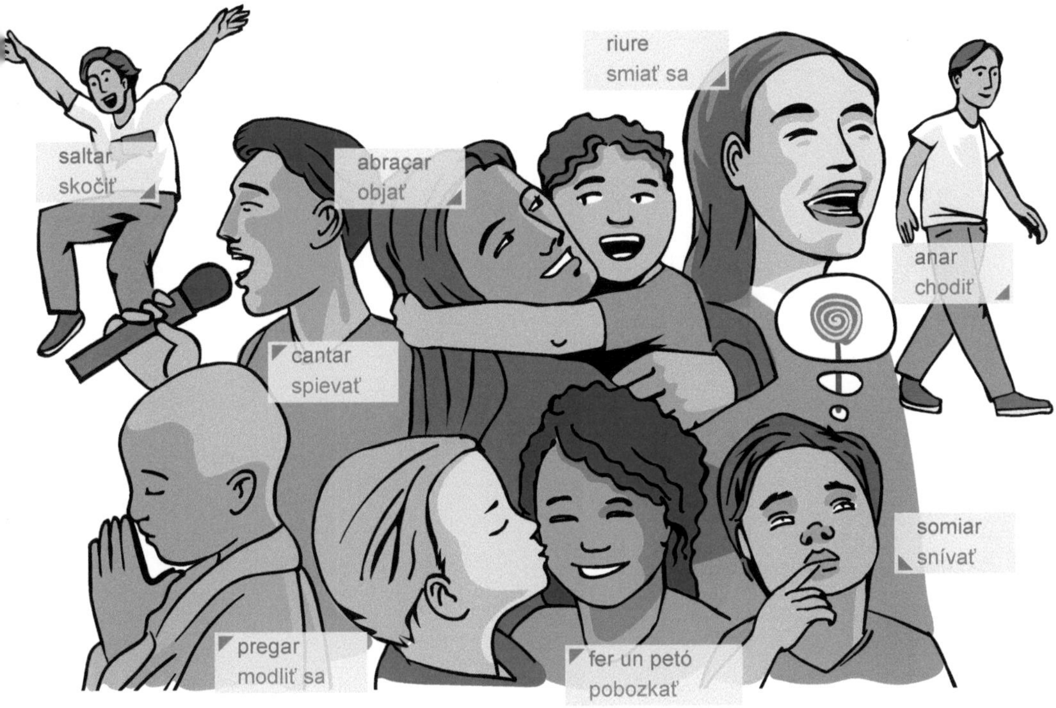

riure
smiať sa
saltar
skočiť
abraçar
objať
anar
chodiť
cantar
spievať
somiar
snívať
pregar
modliť sa
fer un petó
pobozkať

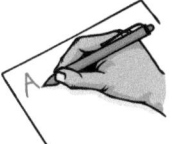

escriure

písať

dibuixar

kresliť

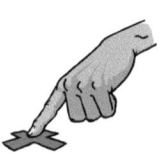

mostrar

ukázať

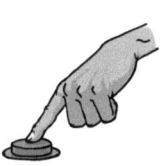

pitjar

tlačiť

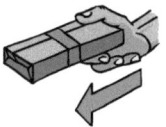

donar

dať

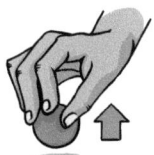

prendre

brať

tenir

mať

fer

robiť

ésser

byť

estar dret

stáť

córrer

bežať

estirar

ťahať

llançar

hádzať

caure

padnúť

jeure

ležať

esperar

čakať

portar

nosiť

asseure's

sedieť

vestir-se

obliecť sa

dormir

spať

despertar-se

zobudiť sa

mirar

pozerať

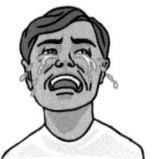

plorar

plakať

amoixar

hladkať

pentinar

česať

parlar

hovoriť

comprendre

rozumieť

demanar

pýtať sa

escoltar

počuť

beure

piť

menjar

jesť

endreçar

upratať

estimar

milovať

cuinar

variť

conduir

jazdiť

volar

letieť

activitats - aktivity

navegar

plachtiť

calcular

počítať

llegir

čítať

aprendre

učiť sa

treballar

pracovať

casar-se

oženiť

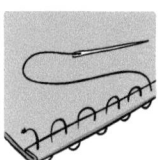

cosir

šiť

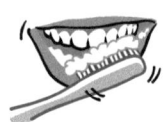

raspallar-se les dents

čistiť zuby

matar

zabiť

fumar

fajčiť

enviar

poslať

àvia
stará mama

avi
starý otec

pare
otec

mare
mama

nadó
bábo

filla
dcéra

fill
syn

convidat

hosť

tia

teta

oncle

strýko

germà

brat

germana

sestra

cos

telo

front
čelo
ull
oko
espatlla
plece
dit
prst
cara
tvár
barbeta
brada
mà
ruka
pit
hruď
cama
noha
braç
rameno

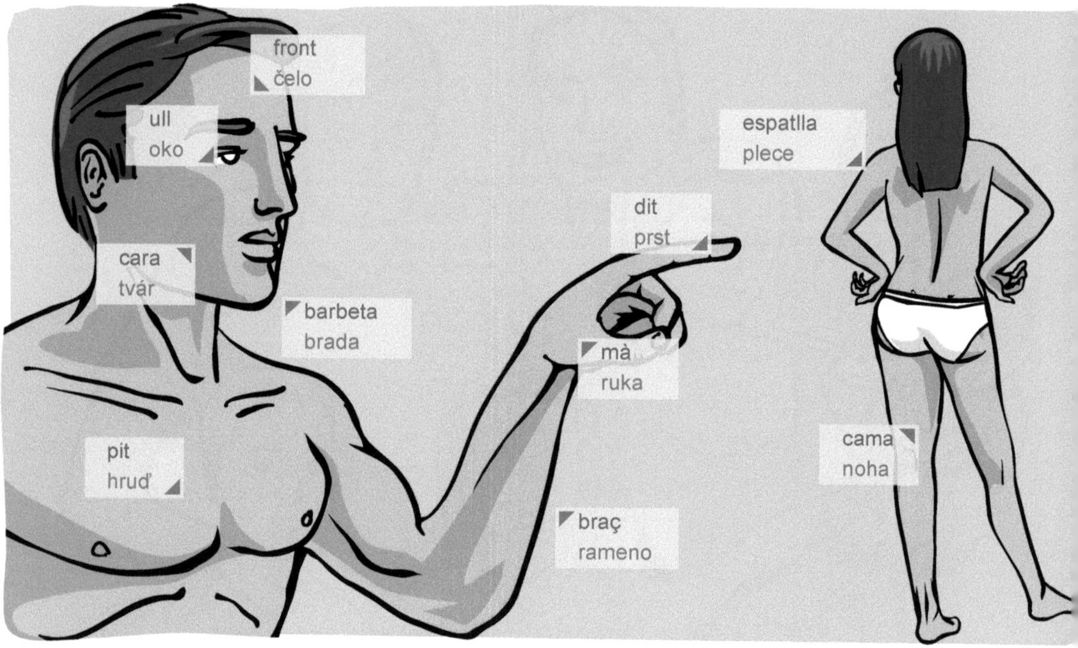

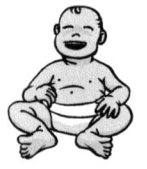

nadó
bábo

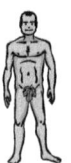

home
muž

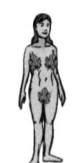

dona
žena

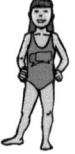

noia
dievča

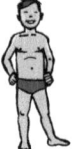

noi
chlapec

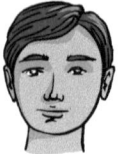

cap
hlava

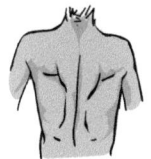

esquena

chrbát

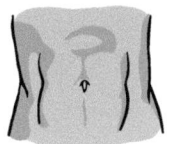

panxa

brucho

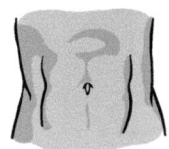

melic

pupok

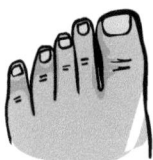

dit gros del peu

prst na nohe

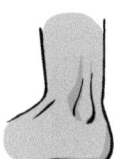

taló

päta

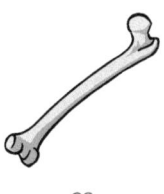

os

kosť

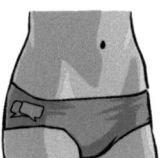

maluc

bok

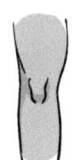

genoll

koleno

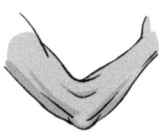

colze

lakeť

nas

nos

cul

zadok

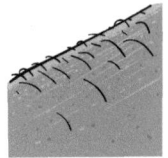

pell

koža

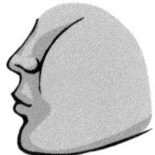

galta

líce

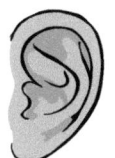

orella

ucho

llavi

pery

boca

ústa

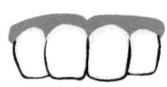

dent

zub

llengua

jazyk

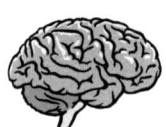

cervell

mozog

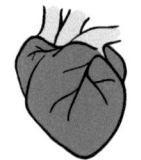

cor

srdce

múscul

svaly

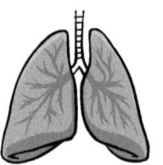

pulmó

pľúca

fetge

pečeň

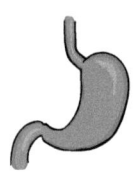

estómac

žalúdok

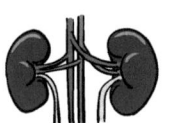

ronyó

obličky

relació sexual

pohlavný styk

preservatiu

kondóm

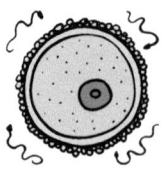

ovari

vaječná bunka

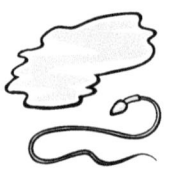

semen

semeno

prenyat

tehotenstvo

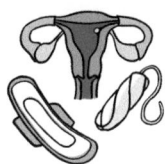

menstruació

menštruácia

vagina

vagína

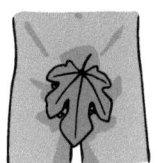

penis

penis

cella

obočie

cabells

vlasy

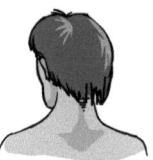

coll

krk

cos - telo

hospital
nemocnica

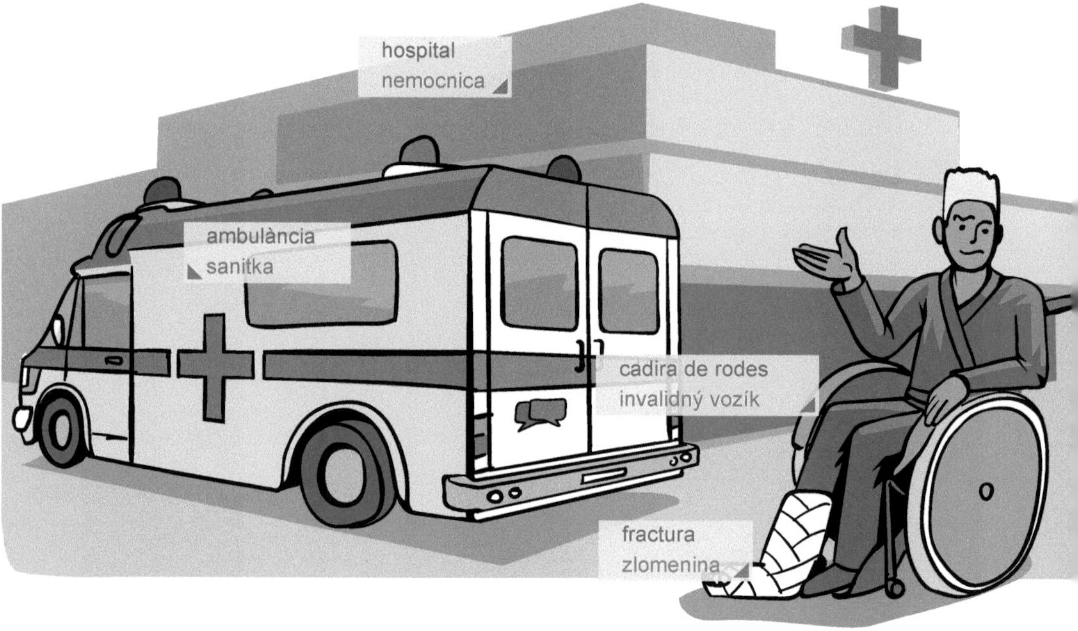

hospital
nemocnica
ambulància
sanitka
cadira de rodes
invalidný vozík
fractura
zlomenina

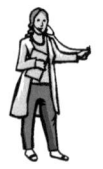

doctora

lekár

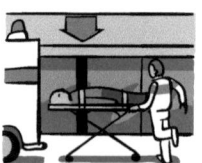

sala d'urgències

urgentný príjem

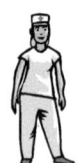

infermera

sestrička

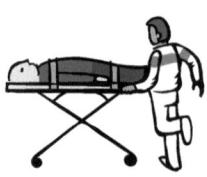

urgència

urgentný prípad

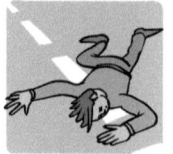

inconscient

v bezvedomí

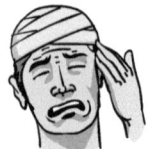

dolor

bolesť

ferida

zranenie

sagnament

krvácanie

atac de cor

srdcový infarkt

apoplexia

mozgová porážka

al·lèrgia

alergia

tos

kašeľ

febre

teplota

gripa

chrípka

diarrea

hnačka

mal de cap

bolesť hlavy

càncer

rakovina

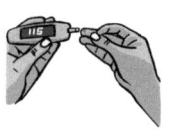

diabetis

cukrovka

cirurgià

chirurg

escalpel

skalpel

operació

operácia

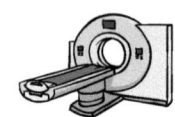

tomografia computada (TC), TAC
CT

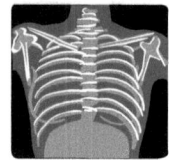

raigs x
RTG

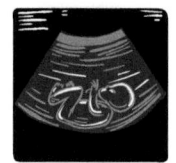

ultrasò
ultrazvuk

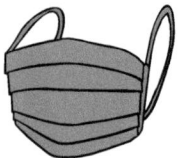

mascareta
maska

malaltia
choroba

sala d'espera
čakáreň

crossa
barla

tireta
náplasť

embenat
obväz

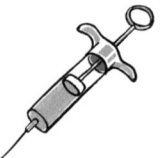

injecció
injekcia

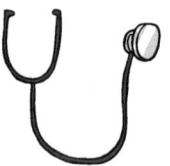

estetoscopi
fonendoskop

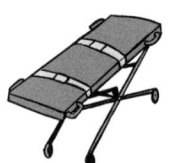

llitera
nosidlá

termòmetre clínic
teplomer

pariment
pôrod

sobrepès
nadváha

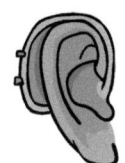

aparell auditiu

audiofón

desinfectant

dezinfekčný prostriedok

infecció

infekcia

virus

vírus

VIH / SIDA

HIV / AIDS

medicina

medicína

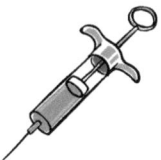

vaccí

očkovanie

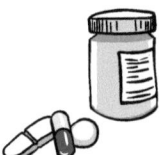

comprimits

tabletky

píl·lola

antikoncepčná pilulka

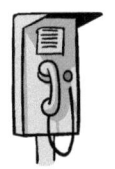

trucada d'urgència

tiesňové volanie

tensiòmetre

tlakomer

malalt / sà

chorý / zdravý

Socors!

Pomoc!

alarma

alarm

assalt

prepad

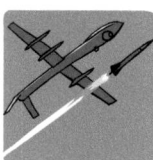

atac

útok

perill

nebezpečenstvo

sortida-eixida d'urgència

núdzový východ

Foc!

Horí!

extintor

hasičský prístroj

accident

nehoda

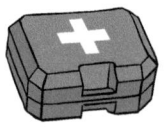

farmaciola de primers
auxilis

kufrík prvej pomoci

SOS

SOS

policia

polícia

Europa

Európa

Amèrica del Nord

Severná Amerika

Amèrica del Sud

Južná Amerika

Àfrica

Afrika

Àsia

Ázia

Austràlia

Austrália

Atlàntic

Atlantický oceán

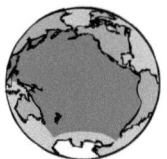

Pacífic

Tichý oceán

Oceà Índic

Indický oceán

Oceà Antàrtic

Južný oceán

Oceà Àrtic

Severný ľadový oceán

pol nord

Severný pól

pol sud

Južný pól

Antàrtida

Antarktída

terra

Zem

país

krajina

mar

more

illa

ostrov

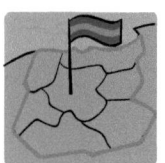

nació

národ

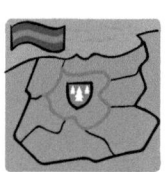

estat

štát

quadrant
....
ciferník

agulla de les hores
....
hodinová ručička

agulla dels minuts
....
minútová ručička

agulla dels segons
....
sekundová ručička

Quina hora és?
....
Koľko je hodín?

dia
....
deň

temps
....
čas

ara
....
teraz

rellotge digital
....
digitálne hodiny

minut
....
minúta

hora
....
hodina

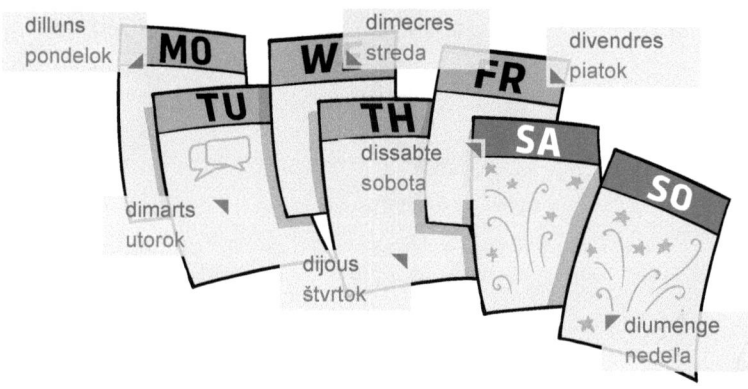

dilluns / pondelok — MO
dimarts / utorok — TU
dimecres / streda — W
dijous / štvrtok — TH
divendres / piatok — FR
dissabte / sobota — SA
diumenge / nedeľa — SO

ahir
....
včera

avui
....
dnes

demà
....
zajtra

matí
....
ráno

migdia
....
poludnie

tarda
....
večer

MO	TU	WE	TH	FR	SA	SU
1	2	3	4	5	6	7
8	9	10	11	12	13	14
15	16	17	18	19	20	21
22	23	24	25	26	27	28
29	30	31	1	2	3	4

dia feiner
....
pracovné dni

MO	TU	WE	TH	FR	SA	SU
1	2	3	4	5	6	7
8	9	10	11	12	13	14
15	16	17	18	19	20	21
22	23	24	25	26	27	28
29	30	31	1	2	3	4

cap de setmana
....
víkend

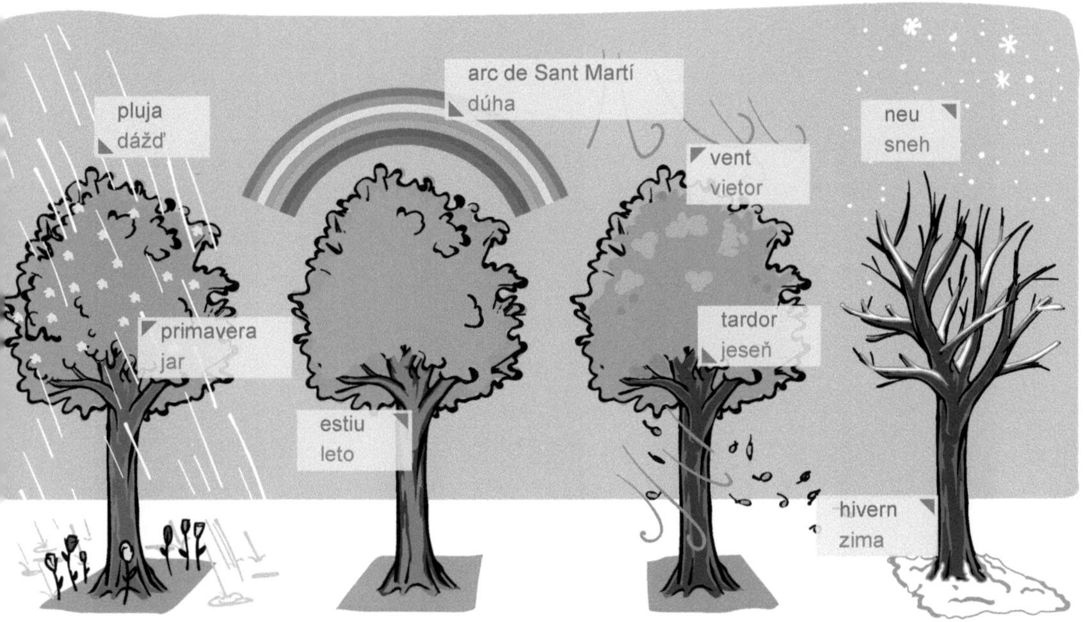

pluja
dážď
arc de Sant Martí
dúha
neu
sneh
vent
vietor
primavera
jar
tardor
jeseň
estiu
leto
hivern
zima

4.APRIL 11°
5.APRIL 4°
6.APRIL 13°
7.APRIL 8°
8.APRIL 10°

pronòstic del temps

predpoveď počasia

F
C
120
90
60
30
0
-30
40
30
20
10
0
-10
-20

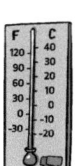

termòmetre

teplomer

llum del sol

slnečný svit

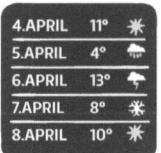

núvol

oblak

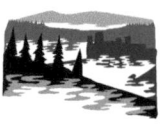

boira

hmla

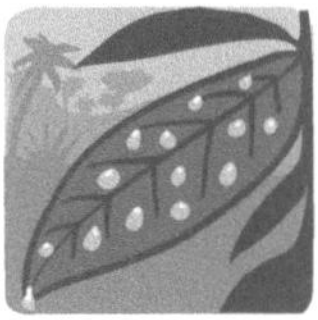

humiditat de l'aire

vlhkosť vzduchu

llamp

blesk

tro

hrom

tempesta

búrka

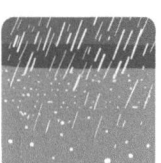

calamarsa

krúpy

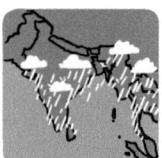

monsó

monzún

inundació

záplava

gel

ľad

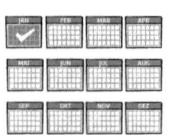

gener

január

febrer

február

març

marec

abril

apríl

maig

máj

juny

jún

juliol

júl

agost

august

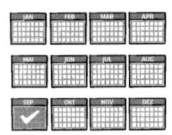

setembre
....
september

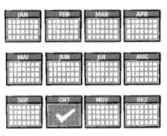

octubre
....
október

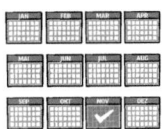

novembre
....
november

desembre
....
december

formes

tvary

cercle
....
kruh

quadrat
....
štvorec

rectangle
....
obdĺžnik

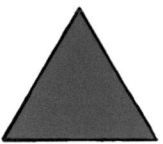

triangle
....
trojuholník

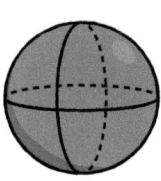

esfera
....
guľa

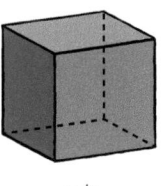

cub
....
kocka

blanc

biela

groc

žltá

taronja

oranžová

rosa

ružová

vermell

červená

lila

fialová

blau

modrá

verd

zelená

marró

hnedá

gris

šedá

negre

čierna

molt / poc

veľa / málo

emprenyat / tranquil

zúrivý / pokojný

bonic / lleig

pekný / škaredý

començament / fi

začiatok / koniec

gran / petit

veľký / malý

clar / fosc

svetlý / tmavý

germà / germana

brat / sestra

net / brut

čistý / špinavý

complet / incomplet

úplný / neúplný

dia / nit

deň / noc

mort / viu

mŕtvy / živý

ample / estret

široký / úzky

comestible / immenjable

chutný / nechutný

dolent / amable

zlostný / láskavý

entusiasmat / entediat

vzrušený / unudený

gros / prim

tlstý / chudý

primer / darrer

prvý / posledný

amic / enemic

priateľ / nepriateľ

ple / buit

plný / prázdny

dur / tou

tvrdý / mäkký

pesant / lleuger

ťažký / ľahký

gana / set

hlad / smäd

malalt / sà

chorý / zdravý

il·legal / legal

nelegálny / legálny

intel·ligent / ximple

inteligentný / hlúpy

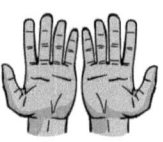

esquerra / dreta

vľavo / vpravo

prop / llunyà

blízko / ďaleko

nou / usat
·················
nový / použitý

res / quelcom
·················
nič / niečo

vell / jove
·················
starý / mladý

encès / apagat
·················
zapnuté / vypnuté

obert / tancat
·················
otvorené / zatvorené

silenciós / sorollós
·················
tichý / hlasný

ric / pobre
·················
bohatý / chudobný

correcte / incorrecte
·················
správne / nesprávne

aspre / suau
·················
drsný / hladký

trist / content
·················
smutný / šťastný

curt / llarg
·················
krátky / dlhý

lent / ràpid
·················
pomaly / rýchlo

humit / sec - eixut
·················
mokrý / suchý

calent / fred
·················
teplý / studený

guerra / pau
·················
vojna / mier

0	**1**	**2**
zero	u	dos
nula	jeden	dva

3	**4**	**5**
tres	quatre	cinc
tri	štyri	päť

6	**7**	**8**
sis	set	vuit
šesť	sedem	osem

9	**10**	**11**
nou	deu	onze
deväť	desať	jedenásť

12

dotze

dvanásť

13

tretze

trinásť

14

catorze

štrnásť

15

quinze

pätnásť

16

setze

šestnásť

17

disset

sedemnásť

18

divuit

osemnásť

19

dinou

devätnásť

20

vint

dvadsať

100

cent

sto

1.000

mil

tisíc

1.000.000

milió

milión

anglès

anglictina

anglès americà

americká anglictina

xinès mandarí

mandarínska čínština

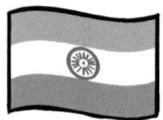

hindi

hindčina

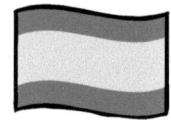

espanyol

španielčina

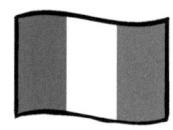

francès

francúzština

àrab

arabčina

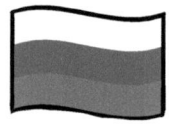

rus

ruština

portuguès

portugalčina

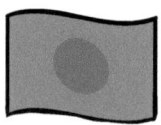

bengalí

bengálčina

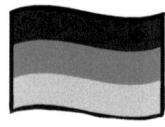

alemany

nemčina

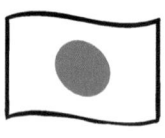

japonès

japončina

jo

ja

tu

ty

ell / ella / allò

on/ona/ono

nosaltres

my

vosaltres

vy

ells

oni

qui?

kto?

què?

čo?

com?

ako?

on?

kde?

quan?

kedy?

nom

meno

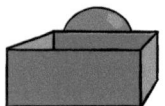

darrere

za

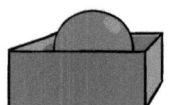

en

v

davant de

pred

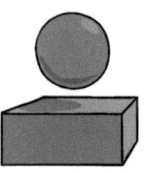

damunt

nad

sobre

na

sota

pod

al costat

vedľa

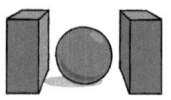

entre

medzi

lloc

miesto